歷城金石志

笠僧署簽

笠僧

歷城金石志卷一

吾邑續修縣志金石一門爲吾友魯生夏君所編其弟麗生又即其稿而增益之成金石考二卷竊思吾邑金石以近年所出爲多搜羅彙輯倘少專書爰商之印書局抽印若干册單行以廣流傳更題曰歷城金石志印既成因書數語以識其原委丙寅夏至日歷城呂志瀛識

夏曾德 金年 同纂
李福鑾 呂志瀛 同校

商

史槑蜺彝

史栾蜺作
且辛寶彝

濟南大公印務公司印

右彝高四寸二分深三寸三分口徑六寸腹圍一尺八寸四分重六十二兩兩耳有珥銘八字史官名世本黃帝始立史官倉頡沮誦居其職又周官有太史小史內史外史之官此雖未言爲何史然款識中如頌敦王呼史虢生之類內史某多省作史某則此云史栾蜺者疑亦內史之職也栾古梅字或作槑某楳廣韻梅氏本自子姓殷有梅伯蜺舊釋爲兒或釋爲生都無定論按古文生字作㞢此左旁从㞢右旁兄字亦微不同大約此爲从㞢得聲之字曾見他銘有此字與庚陽爲韻惜古音不可

攷矣筠清館釋爲生兄二字合文且云作𨒅書者當訓爲弟兄作𨒅書者當訓爲兄弟其說殊爲穿鑿且古祖字周伯琦訓爲古俎字非是祖辛二字合文此彝篆文明秀章法整齊通體及兩耳均飾鳳皇底亦飾以蟠夔文鏤精工朱綠交錯洵爲瑰奇偉麗工妙可喜之物同治七年歲次戊辰季冬丁筱農都轉賢友彥臣得於濟垣遂以持贈昔劉原父以簠敦二事遺贈歐陽公公著之集古錄中以爲投贈之報今余書雖不敢望集古錄然筱農博雅好古方之原父無多讓焉是不可以不記因詳書其歲月於此庶幾筱農之雅意與此彝同垂不朽云 南海李氏寶彝堂吉金文字

濟南大公印務公司印

周

齊管仲煮鹽銅盤

右銅盤二在運司署內也可園中口徑四尺二寸高三寸重二百二十斤無款識一完整一有璺器舊在掖縣西繇場鹽大使署竈房嘉慶初年鹽大使汪德潤運至省垣運司署中萊州侯穆止登岸掖乘云西繇場竈房舊有銅製鹽鍋二十餘枚乾隆中尚存有二底平而色綠傳爲齊管仲煮鹽鍋雖未能確其爲古物無疑案史記平準書因官器作煮鹽官與牢盆注牢廪食也盆者煮鹽之盆也其所謂盆或即此物歟 新修山東通志

按此二銅盤向在運署也可園後廊下乙卯歲猶見之一完

好一微缺現在已佚聞係被人竊出售于日本人

漢

宜子孫鏡

子　宜　孫

右鏡圓徑五寸九分素鼻篆銘三字咸豐三年濟垣築土圩發地所得南海李氏寶彝堂吉金文字

周

石鼓文

國學石鼓舊本模存共三百有十字重文二十有三字

避車既工避馬既同避車既好避馬既駘君子鼂=邍=鼂斿麀速=君子之求角工茲㠯寺避敺其來趩=㸷=即避即時麀=其來大避敺其樸其射其豬蜀右一鼓可辨者止此餘不錄後倣此 一

殹汧=丞=淖淵處之君子之溝又𩵦其斿帛魚鱳=其盜氐鮮黃帛其鯿又鱄又鯉炠孔之㪿=𤳚=佳鱮之佳楊及柳 二

田車安戔既簡左驂旛=右驂騝=避㠯隮于邍避止陕宮車其寫秀弓寺射麋豕孔庶麀鹿雉兎其又旃其㦼大出各亞昊執而勿射庶㯝=君子迺樂 三

鑾車奉敕弓孔碩彤矢馬其寫六轡徒驔廊搏㽇車徒如章邍溼

濟南大公印務公司印

陰陽趍=馬射𠂤𤞷=獸鹿如多賢𧼯𪆫允異 四

霝雨徒駿吕衍或极深吕一方其奔叓 五

猷乍邍乍導遄我嗣除帥叚阪𦵪為世里微𢦏=逌罟𣡕柞棫其

機格庸鳴亞箬其爭為所斿𢨶盩導言對吾 六

滔是戴旲來天子 七

避水既導既止嘉對𠟭里大子永寧日隹丙申避其用導馬既迪

敕康=駕左驂驋=驋=如不輸霧公謂天余及如害不余 九

埶闢孔鹿又 十

秀厥樸如攻車潯而及如貫魚吉日仐既寫君子兮樂胥 兄

紹基跋

濟南大公印務公司印

道光五年乙酉二月何紹業摹勒

右道州何氏磚刻石鼓文舊藏濼源書院現歸金石保存所

漢

麃孝禹刻石 河平三年八月

河平三年八月丁亥平邑侯里麃孝禹 據拓本

右碑高三尺八寸廣一尺二寸文二行首行八字次行七字字經五寸隸書碑額畫麟鳳形同治庚午出費縣平邑集今在西關東流水李氏漢石園

後漢

殘磚刻字 建初元年

口入大學受禮十六受詩十七受缺

十九受春秋以建初元年孟夏缺

缺口昧爽平口口六月也口同口缺

右磚高八寸三分寬二寸五分上下皆缺篆書三行字徑八分在濟南金石保存所

杜臨爲父作封刻石 延熹六年二月

惟漢永和二年歲在丁丑七月下旬臨乃喪慈父嗚呼哀哉故刋石立䃗其辭曰

父通本治白孟易丁君章句師事上黨鮑公故郡椽史功曹主簿載歷七三卦位襄微遂不獲起掩然至斯孤子推胸當奈何婦孫敬請靡不感悲臨兄弟四兄長眞年加伯仲立子三人委遷子口弟均口過蚤離春秋永歸長夜昭代不立言之切痛傷人心所謂苗能不秀秀能不實昔武王遭疾賴我周公爲王殘命復得延年莽有窮訖口口若褒由斯言之命有短長追念父恩不可稱陳將作蓁封国序祖志造口祠蒸嘗魂靈富貴無恙傳于子孫稱之無竟

亂曰陰陽變化四時分兮人命短長徂不存兮改華易實震垢塵兮緯象泰清集神門兮日月照幽時晝昏兮精靈維世擬獲蹸兮悲傷永別失六壽年兮升車下征赴黃泉兮嗚呼口哉義割恩兮

濟南大公印務公司印

永和二年歲在丁丑袁父來年臘月葬囗延熹六年歲在癸卯積廿七年臨爲父作封及孫伯度傳望佐侍時工憲囗月功夫費人弁直錢萬七千二月廿日畢成據拓本

昆明蕭紹庭觀察以事自嶧縣歸示此碑榻本爲言碑在縣西曹馬社田中盡以致之保存所逾數月用舟運至以漢慮傂尺度之横八尺縱二尺三寸强文刻石之左方當一尺七寸僅數字難辨識碑不見前人著錄光緒三十年始采入縣志其文有辭有亂前後記其父永和二年沒越二十有七年延熹六年廼爲父作封中敘兄弟喪亡追念父恩文詞悽惻藹然仁孝人也作碑人名臨不著姓縣志謂首行孟陽似人姓名碑言父通本

濟南大公印務公司印

治白孟易丁公章句甚明志誤易爲昜也漢時尙無墓志曰封父墓撰文刻石爲定名曰後漢人封父墓刻石漢碑小字世尤罕見予設金石保存所迺創獲此石眞爲環寶矣宣統元年冬十二月羅正鈞記

右後漢爲父作封刻石光緒三十四年嶧縣出土今歸濟南金石保存所石刮磨作方池高尺三寸廣尺一寸共十六行行二十四字至二十七八字不等字徑五六分隸書筆意與陽三老食堂記武梁祠畫像贊爲近是墓志之權輿惜名著而姓不傳殊屬憾事立石者名臨若通本則父字長眞則兄字也前言兄立子三人後言孫伯度傳望度傳望當即兄三子名言伯不言

仲叔括辭也苗能不秀秀能不實傷其弟早逝至云武王延年則專痛其兄也敘述兄弟之亡以見爲父作封責無旁貸雖有兄子三人佐侍而已銘詞用亂曰以與前文其辭曰相避濟甯景君碑有此式來年臘月下澣二字謂安葬也可以意會父歿廿七年而能如此是有終身之慕者亂詞用韻自是漢文法度其以獲麟擬父亦配天之義也末云嗚呼哀哉義斷恩兮自作節哀之詞漢人簡質不爲虛飾有如此山東通志

此碑不書姓氏陳邦述貞珉跋尾云通本當姓杜碑末行有孫伯度等語按杜操字伯度後避曹公諱因以字行然則杜伯度爲通本之孫臨之子無疑考證至爲精核

梧臺里石社碑額 熹平五年

梧臺里

石社碑

梧臺里石社碑見水經淄水注云漢靈帝熹平五年立宣統元年予營金石保存所上虞羅君振玉以書見告有此碑額新出土詢之黃縣湻于孝廉鴻恩云此額近歸臨淄馬氏舊嵌縣城西南安樂店某氏門外去安樂店二里許土人猶指爲梧臺也乃屬湻于君亟往購致之額高慮俿尺三尺一寸五分寬三尺八分厚九寸下有穿尚存半月形篆文古健直逼斯翁額陰及兩例皆有畫尤漢碑所僅見此碑自見紀酈注歐趙各書皆未

箸錄即近代阮翁黃孫諸公於山左金石搜求不遺餘力獨未及見此領神物沈晦千有餘年一旦發見而保存之豈非斯所之光哉宣統二年歲在庚戌秋七月湘潭羅正鈞記

石虎銘 光和六年十二月

光和六年十二月丁丑朔廿一日丁酉東平中尉河南匽師張表元先造作虎函傳于後賢永葉无窮位皆棨公 據拓本

右銘刻虎脇間共七行行九字至二字不等字徑一寸八分書光緒三十四年出東平州城東二十里須城村今在濟南金石保存所

食堂畫象殘石 口口元年二月

口口元年二月廿日口口口口口口口荊口公昆弟 缺

口口口三年立食堂路公治嚴氏春秋不逾 缺

右漢殘石高八寸四分寬二尺三寸六分題字二行八分書字徑七分舊在魚臺轉售曲阜孔某今歸濟南金石保存所

琅邪相劉君殘墓表

口口口邪相劉㞋口口 據拓本

右殘墓表高一尺二寸廣七寸文三行行三字字徑三寸餘篆書在縣東古平陵城西門外

是表字三行可見者邪相劉三字蓋漢劉衡兒墓以衡碑文而知之年久表頹其後劉漢告余重立墓前光緒丁酉秋古琅邪

濟南大公印務公司印

尹彭壽記（據拓本）

此石表在平陵城西年久爲樵夫牧豎所毀尚存三字原文應九字云漢故琅邪相劉府君墓光緒廿有二年諸城尹彭壽訪得之次年重立其墓前廿四年秋月彭壽識于沂州府學舍（據尹彭壽原跋）

此表在山東濟南府東七十五里平陵古城西門外墓前存字二行第一行存邪相劉三字第二行一字存小半亡友諸城尹竹年據趙相劉衡碑考爲漢劉衡兄墓表此紙尚是竹年所贈距今二十餘年矣（羅振玉漢晉石刻墨影）

成王畫像題字

此石在西關外十王殿旁高一尺三寸五分廣三尺五寸五分上層線紋交互中有錢十枚中層分二格一刻五人中一人微小上有成王二字隱約可辨左右各二人拱立絕似嘉祥洪福院中成王周公魯公畫象一刻一車兩馬有二人坐車上又一人騎馬前導亦與武梁祠第二石所畫丞相車與門下功曹車相似其爲漢刻無疑也（馮集軒濟南金石志）

按王文懋漢石存目卷下云題字八分書一石在歷城西關外十王殿則光緒十餘年時尚有此石光緒季年修津浦鐵路十王殿改建路局曾囑當事保存此石已懸賞求之不可得矣

濟南大公印務公司印

畫象十石

右漢畫像凡十石甲至已新從嘉祥蔡氏園中出土其陽文庚字一方舊在縣中關廟三小方辛云得自肥城壬與癸二方不詳其所得之處光緒三十四年先後爲日本人所購運過濟南予以此石爲吾國古物出貲購留之而薄懲出售之人漢代畫像存於山左者尙多山厓屋壁間往往見之然歷世已千有餘年後之人其益愛護之也宣統元年冬十月羅正鈞記

右漢畫象十石無題字俱在濟南金石保存所

嘉祥畫象十石

嘉祥武梁祠畫像著名海內予所購留漢石其七方皆得之嘉

祥洒檄縣令吳君蔚年益求之境內先後獲畫石二十有七方歸之縣中學宮明倫堂而輦致十方於保存所即下所嵌之十石也吳君復來言武梁祠畫石凡五十五方自錢唐黃氏易爲建石室中間嘗一修葺其散置室中未嵌諸壁者尙二十方擬捐廉增建石室三楹予與姚君鵬圖集貲助之工甫竣吳君受代還濟南不數月遽以疾卒吳君字霞村涇縣人以儒雅爲吏有聲復留意護持古物如此故予尤惜之因並著焉宣統二年夏六月正鈞又記

右畫象十石無題字俱出嘉祥一劉村洪福院二七日山聖壽寺三四隋家莊關廟五華林村眞武廟六吳家莊觀音堂

七郗家莊八縣城小學堂九洪家廟十商村其劉村七日山隋家莊華林村各石山左金石志均已著錄光緒三十四年山東學使羅正鈞既得前漢畫十石置之金石保存所明年又檄嘉祥令搜求境內復得此十石輦致濟上同嵌於保存所壁間

畫象刻石 據王登桂所藏拓本

此漢畫象石高五尺一寸寬三尺四寸無題字畫分四層第一層正中一人端拱坐左三人右一人均作鞠躬狀右一人之後爲雙兎搗藥再左一人亦作鞠躬狀左右兩端橫刻兩人微小均披甲執戈第二層分兩列共二十二人多執珪垂紳者惟上列左有一童子左手下垂袖一椎右手上舉向右一人身後一人扶一曲杖第三層左七人作樂舞狀右四人似坐觀樂舞者第四層亦分兩列上列車馬三每車坐二人惟右一車馬後立一人下列共十一人內有一人手足俱被桎梏又二人均刖一足畫與武梁祠同的爲漢刻聞係近年出於某縣由黃河運至濼口現藏藥山某氏

宋

劉懷民墓誌 大明八年正月

宋故建威將軍齊北海二郡太守笠鄉侯東陽城主劉府君墓誌銘

濟南大公印務公司印

茗茗玄緒灼灼飛英分光漢室端彩宋庭曾是天從凝宵窮靈高
沉兩剋方圓雙淸眩亂皁櫪剖金連城野獸朝浮家犬夕寧淮棠
不翦澠鴞改聲屐淵違徵潛照長冥鄭琴再寑吳涕重零銘慟幽
石丹淚濡纓

君諱懷民靑州平原郡平原縣都鄉古遷里春秋五十三大明七年十月乙未薨粤八年正月甲申窆於華山之陽朝

夫人長樂潘氏父詢字士彥給事中君所經位謹□條知佐本州別駕勃海淸河太守除散騎侍郎□□□□義太守（據拓本）

石高一尺四寸强寬一尺七寸十六行行十四字字徑八分正書此志稱笠鄉侯案宋書州郡志無笠鄉縣當是鄉侯非縣侯

濟南大公印務公司印

其地今不可攷又云爲東陽城主晉書地理志慕容超爲劉裕所滅留長史羊穆之爲靑州刺史築東陽城居之（水經注以在陽水之陽即謂之東陽城通典即郡治東城山）宋書州郡志義熙五年平廣固北靑州刺史治東陽城孝武孝建二年移治歷城大明八年還治東陽懷民卒於大明七年是尙在靑州刺史未還治之前故稱東陽城主也野獸朝浮是用宋均猛虎渡江事鄭琴吳涕未知所出元微之詩鄒律寒氣變鄭琴祥景奔是鄭琴古有是語今未能實其人葬於華山之陽朝此華山即華不注山元和郡縣志華不注山一名華山在歷城縣東北十五里懷民曾爲齊郡太守卒葬歷城亦情事所有惟陽下係朝字亦未聞也（楊守敬壬癸金石跋）

北魏

崔承宗造象記 太和七年十月

大魏大和七年歲次癸亥十月朔日齊州歷城崔承宗上爲亡父母敬造釋迦象一軀使亡父母託生紫府安樂之鄉神飛三兆普炤十地展孝思於靡涘廣國祚之永隆又願合家眷屬老者延齡少者益筭門騰榮葩福流累葉動不逮於如來三有群生咸臻斯慶

大象主崔承宗妻楊渕妃敬立 據石墨軒所藏拓本

右造象記高一尺七寸七分廣一尺零四分共九行前八行爲記行十四字末題名一行十二字字徑一寸正書金石保存所所藏非原石今據拓本著錄

孫寶憘造像記 神龜元年三月

大魏神龜元年歲次戊戌三月丙辰朔廿日乙亥青州高陽口安次縣人孫寶憘敬造尊像一軀仰資父母又願居家眷屬現世安吉一切群生同歸彼圻

像主孫寶憘恭敬供養彿時

淸信女佛弟子房令妃供養彿時 據拓本

右造象記刻於佛座几十一行行字數自十四字至三四字不等字徑六七分舊在樂安北翠柳莊今藏濟南金石保存所

濟南大公印務公司印

李璧墓誌　正光元年十二月廿一日

君諱璧字元和勃海條縣廣樂鄉吉遷里人也其先李耳着玄經
於襄周靈櫞神葉輝弓劒於盛漢載藉既詳故余略焉高祖司空
道協當時行和川國登翼王逰風華帝閣曾祖尚書操履淸白鑒
同水鏡銓品燕朝聲光龍部祖東莞秉榮違世孝齊郡養性頤年
竝運芳遁映繼寶相輝君綴靈結彩維山育性韻宇端華風量淵
遠併儻不羈𩥇岸獨絕猛氣煙張雄心泉涌藝囙生機學師心曉
少好春秋左氏傳而不存章勾尤愛馬班兩史談論事意略無所
遺性猷毅蕳浮言工賞要善尺牘年十六出膺州命爲西曹從事
十八舉秀才對策高第入除中書博士譽一京聲輝二國昔晉人
失馭群書南從魏囙沙鄉文風北歒　高祖孝文黃帝追悅淹中
遊心稷下觀書亡落恨閱不周與爲連和規借兒典而齊主昏迷
孤違天意爲中書郎王融思狎淵雲韻乗琳瑀氣轢江南聲蘭岱
北鑵調孤遠鑒賞絕倫遠服君風逞深紵縞啓稱在朝宜借副書
轉授尚書南主客郎遷浮陽太守分竹一邦績輝千里以母憂去
任緎深蓐慕服闋中軍大將軍彭城王翼陪鸞駕振旆蕀南召君
爲皇子掾叅竿戎旅謀協主襟府　除司空掾毗賞台階增徽鼎
味每辝父勉申求鄉祿高陽王親同魯衛義齊分陝出鎮冀岳作
牧趙燕除皇子別駕廉護淸河勃海長樂三郡衣錦遊鄉物情影
附既而謠洛還秘臥侍閑宇京兆王作蕃海服問鼎冀川君遂鑒

濟南大公印務公司印

禍機潛形河外鎭東李公出軍邑北都督六州掃淸叛命復召君
兼別駕督護樂陵郡君心希祿養復乞史任州頻表言朝心未允
于時政出權門事由外戚君千里遙書群公交轍坐使諸王情深
面託尋丁艱窮沉哀鄉地栖遊漳里廿餘年是故零貞亡次渚緒
失源妖賊大乘勢連海右州牧蕭王心危懸旆聞君在邦人情敬
忌召兼撫軍府長史加鎭遠將軍東道別將衆裁一旅破賊千群
漳東妖醜搴旗烏散太傅淸河王外膺上台內荷遺輔權寵攸歸
勢傾京野妙簡才賢用華朝望召君太尉府諮議參軍事獻替槐
進風輝天閣雖希逸之佐廣陵無以過也天道芒昧報善無聞不
幸遘疾春秋六十以魏神龜二年歲己亥春二月辛亥朔廿一日

濟南大公印務公司印

辛未卒於洛陽里之宅正光元年冬十二月廿一日遷窆冀州勃
海郡條縣南古城之東堈山壟之體義兼遷鈌勒金石於泉阿令
聲猷而不滅其辭曰
至人窅眇理絕名況伊君之先江海匪量潛魂柱下飛聲泗上訓
丘教僖玄言以暢靈櫟神葉傳芳不已漳海降祥蔫生夫子學貫
丘傳藝洞遷史觀物昭心閑風曉理賓王流譽昇名鸞池齊依江
淇魏薄桒湄榮風未曙雲長已知登員悤閣分竹海湄投影台遲
披繡還鄉物情登附賓友生光翻擊大乘猛氣煙張獻軌宰門槐
風增芳嗚呼天道芒昧靡分空傳餘慶報善無聞遙途未究逸影
已淪骨落靑松魂追白雲無常之理義兼山冢釋之獻諫漢文心

慟汲塋紀襄魯墳於孔鐫銘泉陰永昭芳誦

碑陰

曾祖佑燕吏部尚書　曾祖親廣平游氏　祖親北平陽氏父琛　御史中丞　父景仲州主薄齊郡太守　母濟東公孫氏字佛仁　父楚秘書著作郎　妻滎陽鄭氏字潤英　父奐司州都州主薄　息男子貞年十五　息女孟猗年十八適滎陽鄭班豚　息女仲猗年十七

右墓誌正面文三十三行行三十一字文上空處斜刻人十二字碑陰十四行行字數不等字徑八分正書上刻螭虎二蟠繞碑首光緒季年景州新出旋移德州今歸濟南金石保存所

李謀墓誌　孝昌二年二月

大魏故介休縣令李明府墓誌　額

君諱謀字文略遼東襄平人晉司徒徽之十世孫大魏青州刺史貞侯之第二子也浚源綿緒既圖家口積譽連芳㷀著話言君資性沉毅弱不好戲幼而父所偏賞目以為千里駒及年始十五容皃甚偉堂堂然有儀望之稱粗涉文史略存梗槩而愛兵奇好劍術慷慨有立功立事之志焉解褐拜厲威將軍介休縣令彼地帶嶮岨山胡寇亂前後縣官未能遮遏及君莅任窮加撰討手自斬搭莫不震肅部內以寧君勇決英邁識量淹遠風猷意業有可稱

者而逸駕未馳長路已謝正光四年歲次甲辰七月廿七日病卒於洛陽顯中里春秋廿七至孝昌二年二月十五日塟齊郡安平縣黃山里祔　使君之神塋銘曰

生如過隙逝以驚川攸芳大夜秘體窮泉朝盈松露夕湛巳烟一隨化注万古無揓

子景躍年六

孝昌二年二月十日使持節都督青州諸軍事平東將軍青州刺史安樂王鑒念君遺跡追贈齊郡內史　據拓本

右墓誌連額高二尺三寸寬一尺六寸一分十八行行十九二十字不等字徑六分額六行行二字字徑一寸五分陽文並正書光緒間安邱縣出土爲縣令吳觀敬攜至濟南現歸金石保存所

鹿光熊造象記　孝昌口年三月

大魏孝昌口年歲次戊申三月甲寅口五日丙申口州齊郡臨菑縣鹿光熊等敬牿弥勒尊仏一軀上爲皇帝陛下師僧父母居口眷屬一切衆生咸同斯口

右造象高一尺六寸寬九寸五分記刻于佛座凡十二行行五字正書字徑四分現在濟南金石保存所

黃石崖造象八種

法義兄弟姊妹造石窟象記　正光四年七月

大魏正光四年七月廿九日法義兄弟　姊妹等敬造石窟像廿
四軀悉以成就廕名提記
釋伏宋同心錫
維那主劉愛女　維那主沐兗姬　賈㳂　劉法香　王寶姬
劉阿香　劉阿思　劉勝王　胡阿嬪　王䅥姜　呼延伏姬賈
阿妃　劉桃姬　王足　孫敬嬪　趙妃姜　張勝界張英仁紀
姜女　祁骨子徐清女　維那主張牛女　維那主呼延摩香白
斉姜　石桃女　趙義姜　張道女

右造象記據拓本高一尺五寸廣二尺共十九行行字數不等字徑一寸正書

濟南大公印務公司印

帝主元氏法義卅五人造象記　孝昌二年九月

大魏孝昌二年九月丁酉朔八日甲辰帝主元氏法義卅五人敬
造弥勒像一軀普爲四恩三有法界衆生頌值弥勒
都維那比丘靜志　都維那楊鹿子　都維那賈道順　都維那
趙伏念　比丘道雲　比丘洪休馮道䓖鄧恭伯張惠銀張皇思
張社生　馬僧智皇外龍劉歡劉市奴陳宜德　王難生　維那
劉阿㝵女　維那趙勝姜　崔令姿魚小姬白舍姬趙安姬薛男
生張金姿王肆勝張女珠　劉齋　劉滕　郭男西門清姜趙迎
男賈娥張外姿　貟三英張勝姜王伏姬趙勾男趙勝姿　趙桃
女　趙祖憘

右造象記高一尺四寸廣一尺五寸共十三行行字數不等
字徑八分正書

法義兄弟一百餘人造象記 孝昌三年七月

大魏孝昌三年七月十日法義兄弟一百餘人各抽家財於磨山之陰敬造石窟彫刊靈像上爲帝主法界群生師僧父母居家眷屬咸預福慶所願如是 都維那張神龍 都維那王難生 楊汲 比丘僧利 比丘洪休 比丘僧瑞 比丘明越 比丘僧哲
兗敬賢 趙方興 梁思善 單僧長 皇家龍 燕延暉
楊伯憘

濟南大公印務公司印

右造象記高一尺廣一尺二寸共十一行行字數不等字徑五分正書

王僧歡造象記 建義元年五月

維大魏建義元年五月四日清信士佛弟子雍州長安人王僧歡敬造尊像一軀上願皇祚永隆歷刼師僧七世父母兄弟姊妹妻子女等及善友知識邊地衆生常口口國彌勒出世龍華三會願登私首

右造象記高一尺五寸廣五寸共五行行十六七字不等字徑四分正書在法義兄弟一百餘人造象記之左

乞伏銳造象記 元象二年三月

大魏元象二年歲次己未三月廿三日車騎將軍左光祿大夫齊

州長史鎭城大都督挺縣開國男乞伏銳昔値賊難頻年常造像
以報慈恩今謹竭家資敬造弥勒石像一堪依山營搆妙踰神造
仰願　帝祚永隆宰輔德哲次願七世父母託生淨土値佛聞法
願居家眷屬命延位崇常與善會逮及含生同沐法津　息毗樓
舍兒

右造象記高八寸廣二尺四寸共二十六行行六字字徑八
分正書

姚敬遵造象記 元象二年三月

大魏元象二年歲次己未三月廿三日假伏波將軍魏郡丞姚敬
遵敬造弥勒像一區畫餙訖功上爲七世　父母現在眷屬常與

濟南大公印務公司印

善居値佛聞法一切衆生咸同斯福
息暉振㑊宗僧寶　惠鳳淸肅　子林

右造象記高七寸廣一尺二寸共十二行行六字字徑六分
正書

淸信女趙勝習仵二人造象記 興和二年九月

興和二年九月十七日淸信女趙勝習仵二人敬造弥勒石像三
軀願生生世世亘遇彌勒現　在居眷常與居時囗佛

右造象記高七寸廣五寸共五行行字數不等字徑五分正
書

乞伏香造象記 無年月

髙伏香敬造
釋迦像一軀
敬心共養

右造象記高六寸廣五寸共三行行字數不等字徑一寸正書無年月在法義兄弟姊妹造石窟像記左角上拓工往往拓爲一紙

以上八種均在城南黃石崖

大般涅槃經偈 尹彭壽山左六朝碑存目

右經偈無年月在黃石崖最高處昔曾見拓本高約一尺廣約一尺九寸字徑約不及一寸正書

濟南大公印務公司印

梁

陶遷造象記 大同四年四月

萬　彌
壽　陁
無　佛
疆　龕
維大梁大同四年歲在
戊午四月十八日冠廿
將軍西曹從事山
陽縣令陶遷爲上

父母上兄敬造弥
勒像一區若在三塗速
令解脫若生人間王囗
子孫永保捨身處身囗
與佛會願見世安隱願
從心使一切衆生咸同
斯願

右造象正面中爲佛龕龕上横列萬壽無疆四字下列彌勒佛龕四字背面刻記七行左側四行字徑九分右側刻佛象

在濟南金石保存所

東魏

高湛墓誌 元象二年十月

魏故假節督齊州諸軍事輔國將軍齊州刺史高公墓誌銘

君諱湛字子澄勃海滌人也靈根遠秀啓慶兆於渭川芳德遐流宣大風於東海作範百王垂聲萬古者矣故清公勢重鄭伯捐師元卿位尊管仲辭禮皆所以讓哲推賢遠明風軌祖冀州刺史勃海公文照武烈望擱中夏惠沾朝野愛結周行孝侍中尚書令司徒公英風秀逸儁氣雲馳剣顧帝鄉威流宇縣君稟慶緒於綿基挹餘瀾於海澳幼尙端凝長好文雅非道弗親唯德是與逍遙儒素之間纂申穆之遺風徘徊文史之際追枚馬之逸藻至於弈春

灑翰席月抽琴邁昔哲以孤遊超時流而獨遠熙平啓運起家爲
司空參軍事轉揚烈將軍羽林監天平之始襄城阻命君文武兩
兼忠義奮發還城斬將釁左同歸朝廷嘉其能縉紳服其義假驍
驤將軍行襄城郡事君著績既崇賞勞未允尋除使持節都督南
荆州諸軍事鎭軍將軍南荆州刺史於時僞賊陳慶率衆攻圍孤
城獨守載離寒暑終能尅保邉隍全怙民境復除大都督行廣州
事享年不永春秋卌三元象元年正月廿四日終於家　皇上動
哀能言灑淚迺有　詔曰故持節都督南荆州諸軍事假鎭軍將
軍揚烈將軍員外羽林監行南荆州諸軍事南荆州刺史當州大
都督高子圝識用開敏氣幹英發擁攝蕃翰誠効尅宣臨難殉軀
奄從非命言命遺績有悼于懷宜申追寵式光泩烈可贈假節督
齊州諸軍事輔國將軍齊州刺史粤元象二年十月十七日遷葬
於故鄉司徒公之塋千秋易泩萬古難留故鐫石泉門以彰永久
其詞曰
丹剣降祉姜水載清大人應期命世挺生乘竿起譽罷鈎流聲經
綸宇宙莫之與京俶司下蕃公衡上宰既顯營丘復撫東海四履
流芳五城降綵繁柯茂葉傳華無改伊宗作輔忠義是依清盪昏
霧横掃塵飛日月再朗六合更暈玉帛斯集福祿攸歸仁壽無遠
積善空施風酸夏草霜結春池崐山墜玉桂樹摧枝悲哉永慕痛
矣離長 據拓本

右墓誌高一尺六寸廣一尺五寸七分二十五行行二十七字正書乾隆已巳秋德州衞第三屯運河決東岸岸崩得此石舊藏封氏現在濟南平江陶氏

楊顯叔造像記 武定二年□月

武定二□□月乙卯朔十四日戊辰冠軍將軍司空府前西閣祭酒齊州驃大府長流叅軍楊唄叔仰爲□孝忌十一日敬造石像四區願令亡者生常値佛 據拓本

右造象記高四寸三分廣一尺三寸餘正書凡十五行行四字字徑八分正書在神通寺東四門塔內

張道果率邑儀道俗內外七十八人造象記 年月缺

□□□□□□□□□□□□□□□日已□□青州樂陵郡陽信縣張道果謹率邑儀道□內外七十八人等敬造弥勒像一軀上爲皇帝陛下太皇太后後爲七世父母因緣眷屬普願一切衆生咸同斯福 比丘僧最

比丘尼曇志 解練姜 比丘尼僧妙 馮五相 比丘尼曇進 仲舟清 □□尼僧稱 張洛 □□尼曇姿 朱虎珀 比丘尼静姜 張絹文 比丘尼曇上 侯迅 比丘尼曇要 王法敲 比丘尼僧憘 李宛 比丘尼曇貴 邵思姜 比丘尼曇勝 劉玉勝 范暉容 張令姜 王妃 朱雙姬 張買 賈皇 賈要姬 韓保姜 劉亻 李端政 蔣相女 □維 王羅姜

濟南大公印務公司印

逄乜姜　尹羅　王蒙舍　朱伯姿　韓次容　趙勝　會審

韓敬　孫文口　馬襄口　尹頣陽　杜惠勝　口口口　口口

都維那道張果　都維鄰朱胡　都維那兼別駕從事叉督樂陵

郡事朱思淵　維那刁特　維那朱辟　維那朱惡奴　維那朱

仙伯　維那張文仕　維那刁元禮　維那趙移周　維那王明

暢　朱承　朱大清　張仕伯　口口　朱子庚　馬道成　口

口　劉光　朱遷舉　口口口　朱副孫　朱辱　口口口　刁

僧弁　朱顯保　口敬之　楊祐　刁始達　朱万貴　元明辱

口業　趙文　范榮祖　據拓本

右造象記刻於佛座三面正面二十一行行三四五字不等

其餘二面一面二十二行一面十八行行八九字至三四字

不等正書石原在蘭山今歸濟南金石保存所

北齊

崔頠墓志　天保四年二月廿九日

魏開府參軍事崔府君墓誌銘

君諱頠清河東武城人尚書僕射貞烈公之孫涇州使君第二子

也冠冕世德福慶餘緒曜車爲寶荆玉成琢文慧之志著自弱年

孝友之情表於冠歲藻翰與春華比芙景迹共秋菊均榮而奄止

開府參軍事輔仁之道便虛年廿六武定六年七月遘疾七日卒

於鄴都寝舍粵以天保四年二月甲午朔廿九日歸窆本鄉齊城

南五十里之神塋日月不居感臨川之歎有德無位致殞秀之悲

其銘曰

於穆不已世載其英朝端岳牧袞紱琺珩休迷芳必嗣有芙誕生黃
中闈譽敏內擲名膺口府檄稱是才實器懷明悟文情委逸方口
口期宜從厚袟命也不融朝驟遽日故口口口塵書癈筒一辭華
屋言歸蒿里原隰口口口風鬱矣刋石泉陰永傳蘭芷（據拓本）

右誌文十六行行十七字正書道咸間出於益都城南舊藏
益都孫氏今在濟南藏沈氏隺隱軒中

薛識姬造象記　河清二年四月

維大齊河清二年歲次癸未四月甲午朔二日癸未佛弟子薛識

濟南大公印務公司印

姬率邑義八十人等敬造鐵丈六像壹區上爲皇帝　陛下州郡
令長七世孕亡逮及法界衆生咸同此福寺主陳識像主薛識姬
維郴李華維郴聶敬容　維郴樊光口郴李石留　維郴馮姜
口愛姜龔白女馮愛姜口貴容丁同妃吳寶姬口敬馬威郝叔女
張口男姿左迎男劉外姬口敬容王敬妃耿始郝他趙要女趙暉
劉斫鬼盖恰口敬姿張敬姬高姿孫勝口容姿趙昨曾市女陰容
口雪楊老鵶耿婢恩顯姜口暉樂春胡妃耿要王肆口容孃張朓
子任寒姿口乩姬王敬容張照男　仇齊解妙容戚公文姜馮青
龍婉姿李黑珠李姜王孝義周女郎李婉王暉馬道悅魏伯祖耿
僧進范道顯袁子安李紹田就孫子穆劉伏姬趙金容　耿道林

王道育孫署　李康董逢容張轉勝 據拓本

右造象記高九寸餘廣二尺六寸記七行八分書題名二十三行正書共三十行行十字光緒戊申歷城東郭出土今在南關廣智院

世業寺僧曇欽造象記 河淸二年五月十七日

口口口淸口口歲次癸未五月甲子朔十七日庚辰樂安郡坊口世業寺僧口口口曇欽敬口盧舍那像口口上爲　皇帝陛下口口口㐲師僧口口口世父母兄弟姉妹一切衆生咸同斯福 據拓本

右造象記凡十五行行五字正書刻佛座間原出於蘭山今在濟南金石保存所

濟南大公印務公司印

朱曇思等造塔記 河淸四年三月

大齊河淸四年歲次乙酉三月癸未朔四日丙戌

慈風未鼓品類同昏惠化一開乃群情等覺雖眞光暫暎而實相可追攸悄兹啚海志彼零峯邑主朱曇思朱僧利一百人等於村之前兆其勝地綿基細柳白席遊南敬造寶塔一軀經之不日斜靡煙際四翥風生鏤檥眞離刻摹兜率[illegible]巫蛟龍看之若生飛禽走獸睡疑似活羌弗可得如言矣魏魏易覩谾爤難名遂託銘神宮冀貽万葉仍因撮土之功敢發廣厚之願國祀永隆覆載等一

頌曰　霿璃住昔麗宇今茲弱黛留烟炎起停暈玷草垂露畫樹縣糸荷抽紫葉嶺鬱青芝

□□□□像□□□□

右朱曇思等造塔記高一尺三寸廣一尺八寸弱正書十六行無横格字大寸許小者六七分故行十三至十六字不等末行殘毀其前鑿佛龕三層乾嘉間博興出土黃司馬易訪得之置之城北龍華寺宣統元年經書賈致來轉鬻歷城人家此刻姿媚肥潤亦當時能手所書書多別體不盡合於隸變正法覽者當自知之至如靈作零而作如陣作暈絲作糸則固省借通用之恒例也記云綿基細柳白虎遊南作者倘辭意謂自西而南耳萃編讀柳爲枊以繫馬柱爲訓形容塔柱之不鉅殊可笑矣

新修山東通志

濟南大公印務公司印

劉僧信同邑卅餘人造象記 天統二年四月

大齊天統二□四月十日同邑卅餘人敬造彌勒像一軀上爲皇家臣庶父母師僧已身一□越離諸難長□惡趣終歸淨土悟成諦道如□之福俱獲□□

大像主劉僧信 副像主嚴神興 都維那劉景□ 光明主李顯□ 副維那劉光□ 副維那楊遠文 邑政張社奴 邑政張僧貴 邑政杜□暉 清信士□家母 女侍佛時 維那孟法順 □那孫法安 □那張太 □丘明軫 □丘智安 比丘空智

邑人左外生 邑人魏專頭 □人王子卿 邑人高醜□ 邑

人孫思口　邑人從菩薩　邑人朱僧生　邑人王永興　邑人
呂永祖　邑人賈難陁　邑人龔稱　口人盖延　邑人李市德
邑人馮修業　邑人賈僧像　邑人成公僧　邑人欒宗　邑
人成雍　邑人陳闊　邑人李雙口　邑人謝浪口　邑人劉石
口　邑人口口口　據拓本

右造象記高六寸寬一尺九寸正面十九行行六字前十行爲記後九行爲題名左右兩側皆題名左側十行右側十八行行五六字不等字徑八分正書在布政司署吏北科房

李得玉造象記　天統三年五月

大齊天統三年歲次丁亥五月辛未朔廿七日丁酉仏弟子李得

玉爲亡父母敬造壽仏一軀

右造象高八寸五分寬四寸三分記分六行行七字正書字徑五分在濟南金石保存所

邑義主一百人造象記　武平三年三月十六日

右造像記正書在歷城黃石崖今歸漢軍許氏　據尹彭壽山左北朝石存目

隋

開皇殘造象　開皇二年

缺遍缺到禪成缺龍口口冠悟覺缺口口　國王帝主下及法界
口口七代先亡現存眷屬去開皇二年口口養口歎無灾口仰託
口尊口口十年經財在道忽染口口忠念口存遂兹口心敬造石

浮圖一區□□岷山扌訪□□之□□□□□若具如來卅二相其
浮圖屷嶫崚嶒□狀若寶臺之勢龍宮吐緂暐爗相卑千菜金蓮
化□其中湧出金剄□ 佳 上有飛仙□躍飛尤天龍□
右造象四面刻石高一尺七寸二分寬七寸五分只兩面存
字各五行殘泐已甚行書字徑七八分至一寸不等在濟南
金石保存所

張興和等造四面象銘 開皇三年五月
此造象銘正書在歷城見孫氏寰宇訪碑錄

邑子元□等造象碑 開皇八年
此碑並側俱正書在歷城見孫氏寰宇訪碑錄

濟南大公印務公司印

玉函山造象十三種

李惠猛妻楊靜太造彌勒像記 開皇四年八月
大維開皇四年歲次甲辰八月辛卯朔十日庚子佛弟子李惠猛
妻楊靜太敬造弥勒像一區幷二菩薩上爲皇帝陛下諸師父母
法界衆生龍華三會願登三道
右造像記據拓本高九寸廣五寸二分正書六行行十一字
字徑七分

李惠猛妻楊靜太造觀世音像記 無年月
李惠猛妻楊靜太□造觀世音像一區爲帝□法界衆生七世師
僧□父共同此福

右造像記據拓本高四寸五分廣四寸正書四行行八九字
不等字徑六分

劉洛造像記 開皇四年八月

大隋開皇四年歲次甲辰八月辛卯朔十五日乙巳故人劉洛敬
造七佛爲本生父母已身妻子眷屬願遲弥勒　七佛主劉洛爲
造福人房直維衛佛式佛維葉佛勾樓秦佛向那含牟尼佛口迦
葉佛釋迦口弥勒佛

右造像記據拓本高四寸廣一尺七寸正書十八行行四字
至六七字不等字徑八九分或四五分

夏樹造像記 開皇五年七月

開皇五年歲次乙巳七月丙辰朔七日壬戌佛弟子口太妻夏樹
敬造弥勒像并一菩薩爲帝主諸官七世師僧父母見存眷屬法
界衆生有形之類咸同斯福

右造像記據拓本高九寸八分廣四寸正書四行行十七字
至二十一字不等字徑六分

殷洪纂造像記 開皇七年五月

大隋楊主開皇七年歲在丁未五月十日殷洪纂息仕壽敬造釋
迦像一區并二菩薩言絕如終其兄文於八年八月八日爲訖

右造像記據拓本高一尺三寸廣一尺三寸正書七行行七
字字徑一寸五分

濟南大公印務公司印

羅江造像記 開皇八年七月

開皇八年七月廿日羅江敬造二佛一菩薩

右造像記據拓本高九寸廣三寸正書二行字徑六七分至一寸不等

羅沙彌造像記 開皇八年七月

開皇八年七月廿日羅沙弥爲父母造二菩薩

右造像記據拓本高八寸廣二寸七分正書二行字徑六七分至一寸不等

傅朗振造像記 開皇八年九月

開皇八年九月五日傅朗振共妻郭爲亡息雅兒敬造釋迦像一軀

右造像記據拓本高四寸二分廣四寸五分正書五行行六七字不等字徑六七分

王景遵造像記 開皇八年

大隨開皇八年王景遵敬造阿弥陁象一軀并二菩薩上爲皇帝陛下又爲高祖父口下至玄孫師僧和上法界有形感同斯福

右造像記據拓本高四寸廣一尺三寸正書十二行行四字至五字不等字徑六七分

羅寶奴造像記 開皇十三年

女華仁侍佛

三軀　紹妻王侍佛時
敬造北堪弥陁像幷二菩薩
寶奴爲上父紹及上姊阿誐
五月庚子朔二日佛弟子羅
大隨開皇十三年歲次癸丑 據拓本

右造像記高九寸廣四寸八分文六行字徑六分正書文左讀

張峻母桓造像記 開皇廿年十月

大隋開皇廿年十月八日張峻母桓爲亡夫張遵義敬造釋迦像
一軀幷二菩薩上爲國王帝主下諸師曾父母一切法界衆生龍
華三會願登上道 據拓本

右造像記高七寸半廣五寸半七行行九字字徑五分正書

顔海造像記 無年月

像主顔海爲父母敬造像二軀法界同福 據拓本

右造像記高六寸半廣三寸文三行字徑七八分正書

顔海妻展造像記 無年月

顔海妻展爲上父母見在眷囑敬造釋迦像一軀 據拓本

右造像記高廣與顔海造像相等字體亦同當是同時所造

以上十三種均在城南玉函山

千佛山造象十四種

劉景茂造象記 開皇七年正月

大隋開皇七年歲次丁未正月十五日弟子劉景茂□身非桓疾踰露葉是以敬造弥勒像一軀□□皇下缺臣僚百官下缺七世師僧父母見在眷屬下缺衆生共同□□據拓本

右造象記高一尺二寸廣一尺共七行行十四字字徑六分正書

時昔造象記 開皇八年五月

開皇八年五月十五日時昔□□爲亡父時□敬造釋迦像一□□法堺衆生下缺據拓本

右造象記高五寸廣五寸強共六行行六字今末行全缺字徑六分正書

濟南大公印務公司印

九年四月等字殘刻 開皇九年四月

九年四月廿

右殘刻僅存五字字徑一寸正書

李景崇造象記 開皇十年八月

維大隋開皇十年歲次庚戌八月丙辰朔八日癸亥弟子李景崇知□身非永固□軀難存機變無留生化有易是以敬造□弥陁像一區幷二菩薩上爲 皇帝陛□師僧父母見存眷□一切衆生咸同斯□據拓本

右造象記高一尺廣一尺二寸共十行行八字字徑一寸正

書

女永照造象記 開皇十一年五月

開皇十一年五月十九日女永照爲亡父母亡弟造弥勒像一區
□女許蘭兆爲亡父母亡兄造□勒像一區上爲國王帝主師僧
父母有形之類咸同斯福 據拓本

右造象記高七寸廣五寸共六行前四行行十二三字後二
行行八字字徑四分正書

宋叔□造象記 開皇十一年五月

開皇十一年五月廿五日宋叔□爲亡父母亡姑□造弥□□一
區上爲國王帝主師僧父母見存眷屬咸同斯福 據拓本

右造象記高八寸廣五寸共四行行十一字至十三字不等

字徑四分正書

大象主吳□造象記 開皇十三年二月

大隨開皇十三年歲次癸丑二月十三日大像主吳□合家眷屬
□□生□造阿弥陁像一□頷□□□生同登岐 下缺 保天壽 據拓本

右造象記高九寸廣六寸左上下兩角均缺文共六行行字
數不等字徑五分正書

宋僧海妻張公主造象記 開皇十三年四月

大隋開皇十三年四月廿一日 宋僧海妻張公主敬造釋迦像
一區上爲皇帝臣僚□官師僧父母居家眷屬□□□□ 據拓本

濟南大公印務公司印

右造象記高八寸寬六寸共五行行字數不等字徑八分正書

楊文蓋造象記 開皇十三年九月

大隋開皇十三年歲次癸丑九月戊戌朔十五日已酉佛弟子楊文蓋領都二人爲亡父母敬造弥勒像一軀并二菩薩上爲皇帝陛下師僧父母囗囗囗屬遍地衆生咸同斯福 據拓本

右造象記高一尺一寸廣七寸共五行行十四五字不等字徑七分正書

女花仁造象題字 開皇十五年正月

女花仁息君政女金勝女乇仁開皇十五年正月十二日造 據拓本

右造象題字高六寸廣五寸共四行行六字前二行題名字徑一寸後二行字徑六分正書

造象殘字 無年月

象一區上爲國 下缺 母家囗眷屬 下缺 苦 據拓本

右造象記殘缺僅存二行字徑四分正書

唵嘛呢題字 無年月

唵嘛呢巴弥吽

右六字一行字徑二寸正書在時昔造象記之上

解省躬題字 無年月

解省躬記妻鄧同礼

右題名二行行四字字徑二寸正書

甲子等字殘刻 無年月

甲子年五月女人侍禱

右題名一行字徑五分正書

以上十四種均在城南千佛山

按今濟南府歷城縣南歷山一名千佛山蓋因造象之多而名也茲就拓本錄之開皇七年至十五年凡七段訪碑錄有開皇十年吳口十三年宋僧海妻張公主十五年女花紅等造象記元年口口十五年口口題名未見拓本不錄其七年鄧景茂乃劉景茂之誤十一年宋去疾十三年吳口口十五年女口從息

金政記則孫氏所未錄也 金石續編

以所蓄拓本校之八年造象時下是昔字吳氏筠清館亦作昔十五年造象政上是君字亻上是毛字此作皆作金作毛今依原書錄入仍附志之又按十一年造象宋下二字吳作去疾原缺今據以補入濟南金石志作叔敬前跋所稱十三年造象記一刻吳氏載之余亦得焉吳氏所載尚有十二年安永照一刻并識之 陸增祥志

比丘尼智定造象記 無年月

此造象記正書在城南九塔寺見法氏山左訪碑錄

佛慧山殘字五種

此刻有大隋皇帝字在佛慧山開元寺見法氏山左訪碑錄

唐

比丘尼无畏造象記 景龍三年七月四日

右刻首題維大唐景龍三年歲次已酉七月戊午朔四日甲寅比丘尼无畏沙弥尼妙法云云造象記十二行正書大小不等 山左金石志

僧明德造象記 顯慶三年

右造象記正書高四寸二分寬九寸五分在城南神通寺四門塔內

大唐顯慶三年僧明德敬舩 山左金石志

濟南大公印務公司印

右造象記一行字徑一寸正書在神通寺千佛崖

孟善王墓誌 咸亨三年二月

大唐孟君墓誌

君姓孟諱善王齊州歷城人也自軒丘誕慶若水疏瀾弈葉聰華君其胄矣　君雅亮高致風猷軌物動爲俗範言必鏘金夫人阮氏毓德重闈早摽令淑好齊琴瑟恩洽諸姻瓊窮禍謙金風墜葉里隣絕相行路增慼粤以咸亨三年歲次壬申二月癸亥朔十一日癸酉合葬于州東北二里之平原禮也恐河神鍛口海若居桒庶令德之長存鏤斯銘於泉戶 據拓本

右墓誌高一尺廣一尺五寸共十五行行十五字字徑八分

正書同治丁卯濟南修石圩取土出于城東北二里許移置濼源書院碧梧翠竹軒之東壁東向今不知所在

馬舉墓誌 僞周長安二年十一月

大周故上柱國馬君之誌幷序

君諱舉字肆仁歷城厓也原夫悪虞粉化爰降德於伯儀分晉隆基胤延祥於萬舞自軍興馬服樂奏武溪莫不代襲冠冕名光史册曾祖仕通隨任魏州司馬祖德琮唐任揚州江都縣尉或榮高展驥或職參馴翟既蘭薰而桂馥並玉潤而金聲君河岳炳靈乾坤誕秀紹白眉之俊弭絳帳之風雖績茂昭陽勳口柱國自得北園之逸方遺簪笏之榮嗟乎神味福謙口欺輔德哲厓斯殄梁木

其擢嗚呼哀哉粤以萬歲登封元秊三匝一(乙)春秋六十有七卒於神泉里弟夫厓項氏沂州司戶參軍第二女也演慶重曈凝姿淑眷明艷倅於朝(乙)峻節貫於秋霜婉彼幽閑作嬪君子婦德彰於舉案母儀見於斷機俄沉東明之川遽掩西山之(乙)長安二秊三匝廿五(乙)終於前第卽以其秊十一匝卅二(乙)合葬於流山之陽禮也孝子元景元愛元蔺等並思極採蘭悲深淚柏將口罔極之報寄刋無媿之詞其詞曰

天道悠悠生生若浮奄辭千匝俄成一丘匪口口口揚風動愁儻遷陵谷庶表徽猷 據拓本

右墓誌高一尺二寸八分廣一尺二寸三分文十九行行二

十字字徑五分正書嘉慶二十一年出於城東北臥牛山下

今在東鄉嚴氏

秦望山法華寺碑 開元二十三年十二月

秦望山法華寺碑 并序

括州刺史李邕撰并書

昔者法王道開崛山相現曾是大事職非小緣順喻孔多證入弥遠故以三界爲宅五濁爲火四生爲子六度爲門一乘爲大車十力爲長者轉置熱惱之衆延集清涼之都念茲在茲廣矣大矣法華寺者晉義熙十三年釋曇翼法師之所建也師初依廬山遠公後詣關中羅什寀入禪慧尤邃佛乘雖禮數樞衣而名稱分坐與沙門曇學俱遊會稽覩秦望西北山其峯五蓮其溪雙帶氣象靈

濟南大公印務公司印

勝林巒虛閑比興者闍營卜蘭若羞涅槃食納如來衣專精法華永言寶意感普賢菩薩爲下俚優婆提豨子於竹筐寄釋種於蓬室師以縮屋未可枕屐乃明移出樹間延入舍下及杲日初上相光忽臨乘六牙衞八部勝幡虹引妙樂天迎翩僊騰雲遙裔上漢師想望太息沉吟永懷葉公好龍已遇眞物羅漢測佛未了聖心於是苦行自身炯誡通夢宛如昔見弥恨前非象勸持經嘗難其語鳥來聽法不易其人矧乃攝以蜂王吼以師子禮謁者掎其裳袂讚歎者合其風雷時太守孟顗以狀奏聞因以爲寺則知妙法者眞如之正體蓮華者淨道之假名是故崇厥經署于牓入無量

義成不住曰至若高僧慧甚邑人陳載皆踵武投跡傳燈襲明或五柱範堂或七寶規殿立普賢座追連弗藍龍王讓池雁子疏塔迦羅衛國連至雲山淨明德宮更開日月固足以發慧印啓玄門入位畢臻出家偕應則有持證等觀永藏司流或慧舉十微或昭明再造或萴文瑞像或武帝香鑪寶鈴吟風珠旛交露僧璐墨意畫長豪之妙光宮女縱功織大身之變相次有陳州邑吏隨國施檀百寶盈於九隅羣經備於三藏所以神鍾警夜保賢聖之天居祥鳥肅賓迓軒蓋之雲集忍辱靈草掊萋萋於小莖傴僂萋花搴灼灼於蒿幹故得人天迴首江海因聲芭蕉遇雷倏焉滋茂葵藿隨日至矣勤誠登山而野曠心空浴水而垢除意淨施及先律師

道岸今弟子釋儼並身林久伐禪剌都遣性通七事戒揔八關金杖五分優劣既等繒綵四色功德豈殊甘露有加香油不墜頃者豪州刺史前此邦別乘太原王公名殉法海廣大慧炬融明德立於衷義開於物郢惲致主之節有耿投竿葛亮報國之誠不忘草奏夫人武氏佩服眞空千櫓正覺及男緬緒等惟肖二尊克慎三業若行若坐依佛依僧去煩惱之外糠得慈悲之內實起普賢臺一級寫法華經千部廣化人吏大啓津途卽普賢臺立法華社每年二月重會一時且地効其靈山呈其秀有上座正覺寺主道解都維那神慧僧表道賓律師行深慧燈等多材爲林衆器成樂一體和合手用住持相與言於王公曰夫名者事之華碑者物之表

其或表不立則瞻仰失容名不興則讚述無地願言刻石是用齊山朝散大夫前侍御史今都府戶曹袁公名楚客其皎如日其心如丹負兼濟之雄才託演成之雅意顧慙作者徒使懵然其詞曰會計南山秦望北寺高僧往還聖跡摽寄耆闍比峯法華取義羣公護持歷國檀施陸賓大來海珍總萃幡影連珠像光發瑞松巘蕭疎竹澗葱翠綱紀有條禪律不墜椽曹正直別乘仁智臺壓龍首殿開鳥翅象駕菩薩鳥迎車騎異香馝馞神鍾髣髴作爲碑板讚述名字

唐開元廿三年十二月八日建　　刻石人東海伏靈芝

李書石刻惟大照禪師碑余未及見所見若戒壇銘葉國重碑娑羅樹碑東林寺碑皆翻刻失眞李思訓碑任令則碑端州石室記麓山寺碑李秀碑盧正道碑靈巖寺碑龍興寺額各造妙境而純任天機渾脫充沛則法華寺碑爲最勝去春在吳門韓履卿丈詒此宋拓本攜至濟南付老僕陳芝重刻神理難追規撫粗具矣高僧傳載曇翼構法華精舍事與碑悉合惟翼逝後立碑山寺會稽孔道製文不知北海曾及見否此碑翻本疊出無論筆勢全非即文字亦多舛改如秦望山上增大唐字與後題唐開元複出括州或作栝州十徵誤十徵基缺筆作其或誤不缺陳州邑吏隨國檀施誤作陳隨國施州邑吏檀傴僂萎花作優曇異花有耿投竿作有取板竿像光發瑞下誤接臺壓龍

首刻石入東海伏靈芝作東海伏靈芝之刻石皆訛舛顛倒可笑末題開元二十三年十二月八日建按新書本傳開元二十三年起爲括州刺史立碑正在其時金石錄輿地碑目俱不誤翻本作十一年十三年者皆謬也戒壇銘開元三年立葉有道碑開元五年建皆題括州刺史僞作顯然盧正道碑以天寶元年二月立尚題括州刺史上距開元廿三年凡八年靈巖寺碑題天寶元年某月壬寅朔十五日景辰攷是十一月所立銜書靈昌郡太守者時初改州爲郡刺史爲太守靈昌郡太守卽滑州刺史其年蓋由括州遷淄州又遷滑州舊書謂由遷化尉累轉括淄滑三州刺史天寶初爲汲郡北海太守新書謂開元二十三年起爲括州刺史歷淄滑二州刺史上計京師出爲汲郡北海太守天寶初李林甫忌之因傳以罪敍次皆未翔實此拓足正諸碑之誤兼糾二史之疏矣近日阮氏兩浙金石志杜氏越中金石志皆從翻本錄入杜志云法華寺唐大中時改爲天衣寺碑高八尺六寸廣四尺又引周錫珪跋云碑重立殊陋惡曾見舊拓三種亦不知誰爲眞又引萬歷紹興府志云寺後十峯堂有李邕斷碑石按周氏所見定皆翻本十峯堂前斷石或是原來妙蹟耶北海書與魯公同時並驅所撰書多方外之文其剛烈不獲令終亦略相似余於顏書手鈎忠義堂帖收藏宋拓本祭伯文祭姪文大字麻姑壇記李元靖碑於李書見北雲麾

濟南大公印務公司印

原石全本於番禺潘氏收宋拓麓山寺碑於杭州蒐得靈巖寺碑兩段於長清見古拓盧府君碑於崇雨船中丞處今復得此帖墨緣重疊可云厚幸竊謂兩公書律皆根矩篆分淵源河北絕不依傍山陰余習書四十年堅特此意於兩公有微尚焉苦臂孶孱弱復多耆少專瞻望前哲徒增歎媿耳咸豐己未正月道州蝯叟何紹基跋於濼源書院

右何氏樵刻李北海書秦望山法華寺碑舊藏濼源書院今歸金石保存所

乾封縣人張大娘造象記 天寶六載三月十一日

右造象記正書在城南九塔寺 據法氏山左訪碑錄

濟南大公印務公司印

敬造太一天尊像 天寶六載四月

使朝請大夫行內謁者□□□□□□敬造 太一天尊□□□

□□□□□太山之陽□水之北中有□□□□應南□□□□

□□□□□□□嵩里□出於□道是神人之於□□□□□□

□□□□□□□上□□□□因□□□□立□□□□□□聞

□□證四□□□仰七世上昇□□氣□存□果於□□表裏□

家□□罟□□

天寶六載歲次丁亥四月景午□二日景午建立

大人供養 傔人趙進超一心供養 左側

父供養 □人劉令仙一心供養 右側

居中攸安石游 政和丁酉四月二十一日上 此宋人題字刻於右側畫象

詩石 額

巡歷屬口口口靑帝觀留題

轉運使尙書工部郎中宋 禧

按部到口口因過淸解軒山尖覆雲蓋石罅迸松根危磴開口路

遠林棗柘村閑邀羽人話洞究五千言

皇祐四年三月二十二日題

靑帝觀主賜紫道士郭 永昌 朱演刊

朝奉郎守殿中丞知縣兼兵馬都監及管勾宮廟

公事賜緋魚袋張 周 同至立石 此宋人詩刻在造象背面

濟南大公印務公司印

嘉慶二年夏五内閣侍讀學士口口口蔣予蒲泰安守休寧金棨偕休寧黃繼光口 木天津劉口錢唐江鳳彝遊普照寺過靑口口得是石於廢圃審爲古刻移置殿前樹口口口快幸遂訪小蓬萊之勝枕石聽泉竟口口口因記

右造象石高三尺零九分寬一尺二寸正面刻造象記十一行字甚漫漶左右兩側各有唐人題記一行右側畫象上另有宋人題字背面額間刻詩石二大字下爲宋人宋禧詩刻七行額左方刻蔣予蒲等題記小八分書五行在金石保存所

李擬官造象記 天寶八載三月

天寶八載三月廿六日李擬官造 正面
亡父見存母敬造 右側
弥陁象鋪五事庄嚴 背面
並了故記 左側

濟南大公印務公司印

右造象高一尺五寸寬七寸五分記刻於佛座之四面正書
字徑五分在金石保存所

李舍那造象記 天寶十一載七月二十四日

右造象記正書在城南九塔寺 據法氏山左訪碑錄

顏魯公竹山連句石刻 大歷九年三月

竹山連句題潘書

光祿大夫行湖州刺史魯郡公顏眞卿敘 并書

竹山招隱處潘子讀書堂 眞卿 萬卷皆成袠千竿不作行 處士陸羽 練容滄沆瀣濯足詠滄浪 前殿中侍御史廣漢李萼 守道心自樂下帷名益彰 前梁縣尉河東裴脩 風來似秋興花發勝河陽 推官會稽康造 支策曉雲近援琴春日

長評事范陽湯清河水田聊學稼野圃試條桑釋皎然巾折定因雨履穿寧
爲霜河南陸士修解衣垂蕙帶拂席坐藜牀河南房夔檐宇馴輕翼簪裾染
衆芳顏粲草生還近砌藤長稍依牆顏顓魚樂憐清淺禽閑意頡行顏須
空園種桃李遠墅下牛羊京兆韋介讀易三時罷圍碁百事忘洛陽丞趙郡李
觀境幽神自王道在器猶藏詹事司直河南房益晝歡山僧茗宵傳野客觴
河東柳淡遥峯對枕席麗藻映縑緗永穆丞顏岘偶得幽棲地無心學鄭鄉
述上

會大曆九年春三月

右顏眞卿書竹山書堂詩眞跡臣米友仁鑒定恭跋

竹山聯句墨蹟安麓村得自太倉王氏正定梁相國曾借摹於

秋碧堂帖中後不知所在今年夏余乃得自山右高姓曩觀梁刻如圍穿諸字幾不成文竊疑其贋今觀眞本乃翦橫卷改裝成册凡諸訛謬皆裱工以意綴成之如馴之竪筆拂字左方又因蠹蝕處用墨塗傳故稍肥計不過十許字無損于全帙也曲阜桂未谷擬重摹上石蓋魯公琅邪人欲存其手澤於山左遂鐫石嵌置潭西精舍其裝本之謬則仍之梁刻之失則正之不敢以私意遷就其閒也刻始於九月成於十二月同觀者徐惕庵大榕張春田度劉松嵐大觀徐蘇亭紹新刻者楊敬時年八十乾隆甲寅津門吳人驥識

右竹山聯句石刻舊在潭西精舍今歸金石保存所

張公佐墓誌銘 大中元年十月

張公墓誌 蓋

有唐故淄州軍事押衙清河張公墓誌銘 并序

試太常寺奉禮郎前守幽州安次縣尉李全交撰

公諱公佐仕有幼而斂不自强者其佳帝王之胄襄張公乎公世襲弓裘榮曜不絕六合之内稱爲最焉皇祖諱淸 皇考諱恒蕭竝高道不仕公本貫燕冀人也少失天地禀性自强頃因戎馬生郊避地齊境倅攙南北東西不常公去大和之歲曾授淄州軍事押衙公以道之人骳於軍掾退身罷職性好經營或優遊宋汴或佽歷惟楊或越滄海或汎江湖綿歷星霜崎嶇道路以廿餘載每

濟南大公印務公司印

蒙袖理契合未逾一紀騾馬疋帛成七八百千矣衣食自如不求知已忽纓時疾荏苒數年灸療無方俄遘伏枕去會昌六年十一月廿四日於齊州私第寢疾而歿公享年卌有五嗚呼仁而不壽福善何乖夫人樂安孫氏第二之女也蘭芳玉德處貴不嬌自失所天未亡爲恨有子三人女一人長曰行立次曰小哥季曰劉課童稚之歲降禍所鍾叩地絕漿灑血成淚女十一娘天然令淑言行無廚骨髓摧碎恩情永離夫人孫氏與兒女等蓬首垢面勉偹皂事陸車蒭靈紛繪棺槨百物具成之以大中元年十月十七日卜得齊州歷城縣西五里奉高鄉平原之禮也哀哉孀妻灊血稚子喧口時恐樵蘇式禁陵谷遷移須紀佳名苟旌事實其銘曰

白虎連綿　青龍邐迤　縈盤崗嶂　人稱美美　朱雀雄雄
玄武自起　白兎塋中　群烏闕衰　堂平千步　公卿自至
廿〻子孫　必復其始

右誌石高一尺一寸一分寬一尺二寸誌銘凡二十一行行字數不等正書字徑四五分蓋高一尺二寸八分寬一尺二寸篆書四字分二行字徑二寸四分在金石保存所

柳夫人陳蘭英墓記 大中四年十二月

唐故頴川陳氏墓記

陳氏諱蘭英大和中歸于我凡在柳氏十有七年是非不言於口喜怒不形於色謙和處衆恭敬奉上而又諳熟禮度聰明幹事余以位卑祿薄未及婚娶家事細大悉皆委之爾能盡力靡不躬親致使春秋祭祀無所闕遺微爾之助翳不及此無何疾生於肺經綿不愈以大中四年十二月三日終于昇平里余之私第年四十先有一女曰婆女五歲不育今有一男曰貂蟬年未成童即以其月十一日葬于長安縣永壽鄉高陽原慮陵谷變遷失其所在遂書石紀事寘諸墓門云爾朝議郎前行京兆府富平縣尉柳知微記

右墓記據拓本高九寸寬九寸五分文十五行行十五字正書舊藏西關漢石園今歸金石保存所

沙門義初等題名 大中十年三月

濟南大公印務公司印

大中十祀三月中旬五日沙門義初與諸德及諸信士等同遊佛峪

右題名高九寸寬三寸共三行文左讀首行十字二行三行均八字字徑一寸正書在玉函山

李化成等題名 無年月

李化戍劉教王李杕王朝陽宋運昌李邦啟陳岳王侗口東州方
國礼杜士彥魏子矢楊孟秀劉永昌蔡成名馬云龍口明旺陳尙
義李應厚馬東福王天才謝欽崔大德劉進夆耶東海商到亭王
煥石東攴周可旺宿進孝陳口口王口劉口采口口口李口口口
口口

濟南大公印務公司印

右題名高二寸五分廣二尺五寸共三十六行行三字字徑六分正書與沙門義初等題名似是一時之作在玉函山

尊勝經幢殘石 年月缺

上缺 山次遂口口口地向山頂口如來滅後衆聖潛靈唯有大士文 下缺
上缺 山頂礼舉頭忽見一人從中出來遂作婆羅門語謂僧曰
法師情口跡 下缺 上缺 頗將此經來不僧曰貧道直來礼謁不將經
來老人曰既不將經空口口 下缺 上缺 殊師利菩薩所在僧聞此語
不勝喜躍遂裁抑悲淚至心敬礼舉頭之 下缺 上缺 本入內請日照
三藏法師乃勅司賓寺典客令杜行頵等共譯此經施僧 下缺 上缺
口跳口庶望含靈同益帝遂留翻得之經還僧梵本其僧得梵本

下缺 上缺 口行於代小小語有不同者傘勿恠焉至乖拱三季定覺

寺主僧志靜口 下缺 上缺 口無耄失仍叜取舊翻梵本勘梭所有脫

錯悉皆改定其呪初注云最 下缺 上缺 口上座澄法師問其逗留亦

如前說其翻經僧貞見在住西明寺此 下缺

上缺 口口口一時薄伽梵在室羅筏住誓多林給孤獨園與大苾蒭

衆千二伯 下缺 上缺 口音聲共相娛樂受諸快樂尒時善住天子卽

於夜分聞有 下缺 上缺 卽大驚怖身毛皆竪愁憂不樂速疾往詣天

帝 下缺 上缺 猪狗野干獼猴蟒虵烏鷲等身食諸穢惡不淨之物 下缺

上缺 㝹塗香末香以妙天衣莊嚴執持往詣誓多林園於世尊口

下缺 上缺 迺從佛口入佛便微笑告帝釋言天帝有陁羅尼名爲佛

口 下缺 上缺 滅當得淸淨之身隨所生處憶持不忘從一佛剎至一

佛剎從一 下缺 上缺 侍爲人所敬惡障消滅一切菩薩同心覆護口

口若人口須申讀誦 下缺 上缺 說增壽命之法尒時世尊知帝釋意

心所樂口佛說是陁羅尼 下缺

上缺 口口嚩𡰥地皐詵遮蘇揭多筏析舥阿口口哆毗𠿒㲲阿訶羅

阿訶羅 下缺 上缺 口口訶怛舥𡰥提薩婆筏羅拏毗𡰥提鉢羅底称

口口口耶阿踰𡰥提口口口耶地瑟恥 下缺 上缺 口（盧口口反）婆筏都麼

麼（持口祢呼）薩嚩薩埵舥口吼口𡰥口薩嚩揭底鉢口𡰥提薩怛 下缺

上缺 口名淨除一切惡道佛頂尊勝陁羅尼口破口口口業等障能

破一切穢惡道苦 下缺 上缺 口急苦難墮生死海中衆生得解脫故

口口薄福口救護衆生樂造雜深惡缺下　缺上　口我說此陁羅尼付
囑於汝汝當授與口口口子復口口持讀誦思惟愛樂憶缺下　缺上
應受種種流轉生死口獄餓鬼畜生口羅王口口口口身夜叉羅
刹口缺下　缺上　觀菩薩同會觀生或得大姓婆口口家生或得大刹
口家生或得豪缺下　缺上　口尼功口如是天帝口口羅尼名吉祥口
淨口口惡道口佛頂尊勝陁羅尼缺下　缺上　爲穢惡之所染口口帝
若有衆生持此口口口口復口口口斯善淨得缺下　缺上　人能書寫
此陁羅尼安高幢上或安高口口安杦口口口口量窣堵波缺下
缺上　上天帝彼口口口口口罪口口口惡道地獄畜口口羅王界餓
鬼阿缺下　缺上　況更以多口口口華鬘塗香口香幢幡蓋等衣口瓔

濟南大公印務公司印

珞口諸莊嚴缺下　缺上　又是如口口身舍利窣堵波塔尒時閻摩羅
法王於時夜分來缺下　缺上　遂守護不令持者墮於地獄以彼隨順
如來言教而護念之尒時護缺下　缺上　法亦爲短命諸衆生說當先
洗浴著新淨衣日月圓滿十五日持缺下　缺上　靈之類聞此陁羅尼
一經於耳盡此一身更不復受佛言若遇大惡缺下　缺上　身所生之
觀蓮華化生一切生觀憶持不忘背識宿命佛言缺下　缺上　中或生
禽獸異類之身耶其亡者隨身分骨以土一把誦此陁缺下　缺上　誦
念得大涅般復增壽命受勝快樂捨此身已即得往生種缺下　缺上
羅尼法於其佛前先取淨土作壇隨其大小方四角作已種種缺下
缺上　百八遍訖於其壇中如雲王雨華能遍供養八十俱胝殑伽

右唐殘造象五種正書在城南九塔寺據法氏山左訪碑錄

尉遲府君銘蓋無年月

唐故尉遲府君銘石據新修山東通志

右銘蓋方廣七八寸文二行行四字字徑寸五六分正書光緒三十二年出於東關崔氏菜園

濟南大公印務公司印

歷城金石志卷一終

右唐殘造象五種正書在城南九塔寺 左訪碑錄 錄佳氏山

唐尉遲府君銘蓋 無年月

唐故尉遲府君銘石 東通志 錄新城山

右銘蓋方廣七八寸文二行行四字字徑寸五六分正書光緒三十二年出於東關崔氏菜園

歷城金石志卷八終